ce soir au menu, c'est

TAJINE

MARIE CHEMORIN

PHOTOGRAPHIES DE ÉDOUARD SICOT

MARABOUT

SOMMAIRE

10

14

24

30

34

46

48

54

60

Astuces et conseils

Le tajine

Il raconte toute l'histoire d'un pays, le Maroc, dont il est devenu le plat national. Dit d'origine berbère, il est cuisiné dans toute l'Afrique du Nord. Il existe une infinité de recettes. Agneau aux pruneaux, poulet à l'orange, lapin au miel, caille aux figues... Le tajine s'invente au gré des marchés. On en fait avec tout : fruits, légumes, viande, poisson. Tous les mariages sont possibles et réussis une fois maîtrisé le petit rituel de la cuisson.

Maîtriser les épices

C'est le mélange d'épices qui fait l'âme d'un tajine. Le safran est de meilleure qualité en filaments, mais un peu cher. Le gingembre, le curcuma, le ras el hanout, le paprika, le piment de Cayenne, et le cumin sont utilisés moulus. Ils se conservent un an. Les tajines salés sont cuits avec du persil plat ou de la coriandre. Pour les tajines sucrés, ajoutez de la cannelle en poudre et en bâton et de l'eau de fleur d'oranger.

Le plat

Le tajine se cuit dans son plat d'origine : le fameux tajine en terre cuite creux surmonté d'un couvercle conique. On le trouve dans les magasins orientaux. Attention à ne pas acheter un tajine décoratif, en faïence. Avant d'utiliser un tajine en terre, faites-le tremper dans l'eau froide pendant une nuit, puis séchez-le. À défaut de plat à tajine, une simple cocotte conviendra tout autant. Le temps de cuisson reste le même.

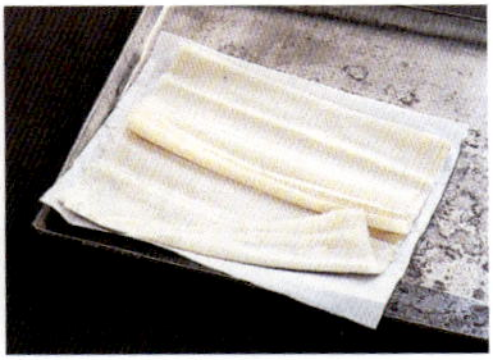

La cuisson

Surveillez la cuisson du tajine un verre d'eau à la main. Démarrez à feu vif puis laissez mijoter à feu doux. Pour obtenir un tajine fondant, faites cuire les légumes et la viande ensemble. Si vous préférez des légumes croquants et une viande ferme, faites cuire d'abord les épices et la viande, puis les légumes à part et rajoutez la viande en fin de cuisson. Le tajine peut être cuit au four à 220 °C (th. 7-8), avec le même temps de cuisson.

La pastilla

Spécialité marocaine, la pastilla est une galette faite de feuilles de brick ou de pâte filo (plus fines), enfermant une farce riche et parfumée. C'est un vrai délice. La pastilla au pigeon est la plus connue, mais il en existe au poulet, au poisson, aux fruits secs...

Conseils de pliage

Découpez 2 carrés de 22 cm de côté et 2 disques au diamètre d'un petit moule. Badigeonnez chaque carré de beurre fondu. Saupoudrez l'un de muscade ou de cannelle puis couvrez avec le second. Mettez les deux feuilles sur le moule, placez la farce au milieu puis tassez pour remplir le moule à ras bord. Repliez les feuilles. Badigeonnez la surface de blanc d'œuf et les deux disques de pâte de beurre fondu. Saupoudrez de muscade ou de cannelle. Superposez-les puis placez-les sur la pastilla. Pressez délicatement pour que la pâte adhère bien. Badigeonnez de jaune d'œuf puis enfournez.

Tajine de poulet au citron confit

4 cuisses de poulet
3 gros oignons
2 c. à s. d'huile d'olive
1 gousse d'ail
1 citron confit au sel coupé en quartiers
5 courgettes
1 bouquet de coriandre
10 olives violacées dénoyautées
sel, poivre blanc

Les épices :
1 c. à c. de curcuma
1 c. à c. de gingembre
1 c. à c. de cumin

Coupez les cuisses de poulet en deux.

Épluchez et émincez finement les oignons. Dans le tajine, faites-les revenir à feu moyen dans l'huile d'olive. Ajoutez les épices, le sel et le poivre. Ajoutez les morceaux de poulet et roulez-les dans les épices. Versez 2 verres d'eau et ajoutez 1 citron confit coupé en quatre. Couvrez et laissez mijoter 30 min à feu doux jusqu'à obtention d'une sauce sirupeuse.

Épluchez les courgettes et coupez-les en gros dés. Hachez finement la coriandre.

Ajoutez les courgettes et la moitié de la coriandre dans le tajine. Nappez de sauce. Versez un ½ verre d'eau, couvrez puis laissez mijoter en surveillant attentivement : les courgettes et le poulet doivent être tendres. N'hésitez pas à rajouter un peu d'eau si les ingrédients attachent.

Ajoutez les olives 5 min avant la fin de la cuisson. Laissez cuire à couvert.

Parsemez de coriandre fraîche hachée avant de servir.

Amefa
18-10

Tajine de poulet au confit d'oignons

4 cuisses de poulet
5 oignons
2 c. à s. d'huile d'olive
2 branches de menthe fraîche
1 feuille de laurier
10 raisins secs
2 c. à s. de miel
1 c. à s. d'eau de fleur d'oranger
sel, poivre blanc

Les épices :
½ bâton de cannelle
2 doses de safran
1 pincée de cannelle

Coupez les cuisses de poulet en deux. Dans une poêle, faites-les dorer à l'huile d'olive.

Épluchez et émincez finement les oignons. Hachez la menthe et réservez.

Dans un plat à tajine, faites revenir les oignons à feu doux avec ½ bâton de cannelle et 1 c. à s. d'eau. Couvrez en remuant de temps en temps pour que les oignons rendent leur eau. Faites cuire 30 min à couvert. Si les oignons attachent, ajoutez ½ verre d'eau. Lorsque les oignons sont translucides ajoutez les morceaux de poulet, 2 verres d'eau chaude, la cannelle, la feuille de laurier, le safran, le sel, le poivre, les raisins et le miel. Couvrez puis laissez cuire 30 min de plus à feu doux, jusqu'à ce que les morceaux de poulet soient bien tendres. Retirez-les.

Retirez le bâton de cannelle, ajoutez la moitié de la menthe hachée et l'eau de fleur d'oranger. Faites réduire la sauce sans couvrir jusqu'à ce qu'elle soit sirupeuse.

Au dernier moment, faites réchauffer les morceaux de poulet dans la sauce. Servir très chaud, parsemé du reste de menthe fraîche.

Tajine de poulet aux clémentines

4 cuisses de poulet
10 clémentines
5 gros oignons
2 c. à s. d'huile d'olive
2 c. à c. d'eau de fleur d'oranger
2 c. à s. de miel
50 g d'amandes effilées
sel, poivre blanc

Les épices :
1 dose de safran
1 c. à c. de gingembre
½ bâton de cannelle
1 c. à c. de cannelle

Coupez les cuisses de poulet en deux. Dans une poêle, faites-les dorer à l'huile d'olive. Réservez.

Épluchez et émincez les oignons. Dans le plat à tajine, faites-les suer à feu doux 20 min à couvert dans l'huile d'olive. Remuez pour qu'ils n'attachent pas. Ajoutez les épices, salez et poivrez puis mélangez soigneusement. Faites revenir le poulet dans le mélange. Ajoutez 2 verres d'eau. Baissez le feu après l'ébullition, puis surveillez la cuisson. N'hésitez pas à rajouter un peu d'eau si les oignons attachent et à retourner les morceaux de poulet. Après 20 min, ajoutez 1 c. à c. d'eau de fleur d'oranger et le miel. Laissez mijoter 25 min de plus.

Épluchez les clémentines en ôtant soigneusement toutes les peaux blanches. Retirez le bâton de cannelle. Ajoutez délicatement les clémentines sur le poulet, versez 1 c. à c. d'eau de fleur d'oranger. Laissez cuire 5 min à couvert.

Au moment de servir, parsemez d'amandes effilées et saupoudrez d'une pincée de cannelle.

Tajine de poulet à la mangue

4 cuisses de poulet

3 oignons

3 mangues pas trop mûres

1 citron pressé

3 c. à s. de feuilles de coriandre

2 c. à s. d'huile d'olive

sel, poivre

Les épices :

½ c. à c. de paprika

½ c. à c. de gingembre

1 dose de safran

1 pincée de cannelle

Coupez les morceaux de poulet en deux. Faites-les revenir dans une poêle adhésive. Épluchez et hachez finement les oignons.

Pelez les mangues, coupez-les en deux, dénoyautez-les et couper en tranches fines.

Dans un tajine, faites chauffer 2 c. à s. d'huile d'olive. Ajoutez les épices.

Faites fondre les oignons quelques minutes pour qu'ils soient tendres et transparents. Ajoutez les tranches de mangue et le jus de citron, faites-les revenir en les retournant une fois.

Ajoutez les morceaux de poulet, versez 1 verre d'eau. Salez et poivrez. Couvrez et laissez mijoter 30 min à feu moyen en surveillant la cuisson. N'hésitez pas à rajouter de l'eau si nécessaire pour que le tajine ne s'assèche pas. À la fin de la cuisson le poulet doit être tendre.

Tajine d'agneau aux pruneaux

1 kg de gigot d'agneau
20 pruneaux
1 feuille de laurier
1 c. à s. d'huile d'olive
1 c. à c. d'eau de fleur d'oranger
2 c. à s. de miel
2 c. à s. de graines de sésame
20 g d'amandes effilées
sel, poivre noir du moulin

Les épices :
1 dose de safran
1 c. à c. de gingembre
1 c. à c. de cannelle
1 bâton de cannelle

Désossez et coupez le gigot d'agneau en gros dés.

Dans le tajine, faites revenir les épices dans l'huile d'olive à feu doux. Ajoutez la viande et le laurier. Mélangez la viande aux épices. Salez, poivrez, ajoutez 2 verres d'eau. Portez à ébullition puis baissez le feu. Laissez mijoter pendant 1 h à couvert en surveillant la cuisson : rajoutez de l'eau si la viande attache, faites réduire la sauce à découvert si la préparation est trop liquide.

Dans un bol, faites gonfler les pruneaux 10 min dans une louche de jus de cuisson. Ajoutez les pruneaux, l'eau de fleur d'oranger et le miel à la viande. Laissez compoter à couvert pendant 10 min.

Faites dorer les graines de sésame et les amandes dans une poêle antiadhésive très chaude puis nappez-en le tajine.

Conseils | Les tajines d'agneau se dégraissent toujours un peu avant d'être servis. Avec une louche, enlever le peu de graisse qui remonte à la surface. | Ne découpez pas la viande en morceaux mais en tranches, elle sera plus goûteuse.

Tajine d'agneau à l'abricot

800 g de gigot d'agneau désossé et coupé en gros dés

8 abricots frais

1 c. à s. d'huile d'olive

1 feuille de laurier

1 c. à c. d'eau de fleur d'oranger

2 c. à s. de miel

50 g d'amandes effilées

sel, poivre blanc

Les épices :

1 c. à c. de gingembre

1 c. à c. de cannelle

1 bâton de cannelle

2 doses de safran

Dans un plat à tajine, faites revenir les épices dans l'huile d'olive à feu doux. Ajoutez la viande et le laurier. Salez et poivrez. Faites revenir en mélangeant la viande aux épices. Versez 2 verres d'eau. Couvrez et laissez mijoter 1 h.

Pendant la cuisson, vérifiez que la viande ne s'assèche pas et ajoutez un peu d'eau si nécessaire. Retirez le bâton de cannelle. Si la sauce est trop liquide, enlevez la viande et faites réduire la sauce sans couvrir. La sauce doit être sirupeuse.

Ajoutez l'eau de fleur d'oranger et le miel. Laissez mijoter 10 min.

Ajoutez les oreillons d'abricots et couvrez. Laissez cuire 5 min jusqu'à ce que les abricots soient tendres.

Parsemez d'amandes effilées.

Conseils | Pour parfaire ce tajine, ajoutez quelques pistaches, ou encore une goutte d'essence d'amande amère. | En hiver, utilisez des abricots secs. Faites-les gonfler dans un bol d'eau tiède pendant 1 h.

Tajine d'agneau aux aubergines

800 g de gigot d'agneau désossé et coupé en gros dés

3 aubergines

4 poivrons rouges

4 oignons hachés

5 tomates

1 gousse d'ail hachée

2 c. à s. d'huile d'olive

sel, poivre

Les herbes :

1 bouquet de persil plat

1 bouquet de coriandre

Les épices :

1 c. à c. de ras-el-hanout

1 c. à c. de cumin moulu

1 pincée de piment de Cayenne

Lavez les poivrons et faites-les cuire dans un four préchauffé à 210 °C (th. 7) jusqu'à ce que leur peau soit noire. Dès la sortie du four, enfermez-les dans un sac plastique pour que la peau se détache plus facilement. Laissez refroidir. Lorsqu'ils sont tièdes, épluchez-les et épépinez-les. Réservez.

Hachez le persil et la coriandre. Coupez les aubergines en gros dés. Plongez les tomates dans l'eau bouillante pendant 5 min. Égouttez-les, pelez-les, enlevez les graines et coupez-les en morceaux.

Dans un plat à tajine, faites revenir les épices et la viande. Roulez la viande dans les épices. Ajoutez l'ail puis les oignons. Versez 2 verres d'eau. Remuez et portez à ébullition. Faites cuire à couvert et à feu doux pendant 1 h.

Ajoutez les aubergines, les tomates, la moitié des herbes hachées, les poivrons et une c. à s. d'huile d'olive. Salez et poivrez. Versez 1 verre d'eau. Laissez cuire 40 min, jusqu'à ce que les légumes soient bien tendres. Surveillez la cuisson.

Avant de servir, nappez les légumes de sauce et décorez avec le reste des herbes hachées.

Tajine de kefta

Pour les kefta :
800 g de viande d'agneau hachée
1 oignon
3 branches de persil plat
3 branches de coriandre
sel, poivre
½ c. à c. de cumin
½ c. à c. de paprika

Pour le bouillon :
3 oignons
2 carottes
3 tomates
2 branches de persil plat
2 branches de coriandre
1 c. à s. d'huile d'olive
sel, poivre
½ c. à c. de gingembre
½ c. à c. de cumin
½ c. à c. de paprika

Épluchez et râpez l'oignon. Hachez très finement le persil et la coriandre. Salez, poivrez puis ajoutez les épices. Incorporez à la viande en malaxant puis confectionnez de petites boulettes.

Épluchez et émincez les oignons. Hachez le persil et la coriandre. Épluchez les carottes et coupez-les en rondelles. Plongez les tomates dans l'eau bouillante pendant 30 s. Retirez-les avec une écumoire. Laissez-les refroidir, épluchez et épépinez-les puis coupez-les en morceaux.

Dans un plat à tajine, faites revenir les oignons et les épices dans l'huile d'olive. Salez et poivrez. Ajoutez les légumes puis mélangez soigneusement. Ajoutez 3 verres d'eau, couvrez et laissez mijoter 20 min.

Posez les boulettes sur les légumes, arrosez de bouillon et laissez mijoter 15 min à couvert.

Tajine de veau aux carottes

1 kg de jarret de veau découpé en morceaux

4 grosses carottes

1 gousse d'ail

1 gros oignon

1 orange pressée

1 c. à s. d'huile d'olive

60 g de sucre roux

1 orange

8 olives noires

sel, poivre blanc

Les épices :

1 c. à c. de gingembre

1 clou de girofle écrasé

10 grains de poivre du Sichuan écrasés

1 pincée de muscade

1 c. à c. de cumin

1 dose de safran

Épluchez puis hachez l'ail et l'oignon. Dans le plat à tajine, mélangez toutes les épices sauf le cumin et le safran. Faites-y revenir la viande à feu moyen pendant 20 min environ. Mélangez. Ajoutez l'ail et l'oignon. Salez et poivrez. Ajoutez 2 verres d'eau et le jus d'orange. Laissez mijoter à feu moyen. Surveillez la cuisson et ajoutez de l'eau si nécessaire.

Pendant ce temps, épluchez les carottes et coupez-les en tronçons de 2 cm. Faites-les revenir dans une marmite avec 1 c. à s. d'huile d'olive puis couvrez d'eau. Ajoutez le sucre et le cumin, salez et poivrez, puis faites cuire les carottes jusqu'à évaporation complète. Elles doivent être bien tendres. Réservez-les puis ajoutez-les au tajine 10 min avant la fin de la cuisson.

Lavez et coupez l'orange en tranches fines.

Lorsque la viande est tendre, la sauce doit être sirupeuse. Si ce n'est pas le cas, ôtez la viande et faites réduire la sauce. Rassemblez veau et carottes en dôme au centre du plat à tajine puis disposez les oranges autour. Saupoudrez de safran. Ajoutez quelques olives noires dénoyautées. Faites mijoter 5 min à couvert.

Tajine de veau aux fruits et légumes

1 kg de jarret de veau désossé et coupé en gros dés

300 g d'ananas coupé en cubes

2 oignons émincés

500 g de navets

2 pommes

5 branches de coriandre fraîche

30 g de gingembre frais râpé

1 c. à s. d'huile d'olive

10 g de beurre

sel, poivre

Les épices :

1 c. à c. de gingembre

½ c. à c. de paprika

20 filaments de safran

Épluchez les navets et cuisez-les à la vapeur jusqu'à ce qu'ils soient bien tendres. Épluchez les pommes et coupez-les en quartiers. Hachez la coriandre en fines lanières. Dans un bol versez 2 c. à s. d'eau chaude sur les filaments de safran.

Dans un plat à tajine, faites revenir la viande et les épices, sauf le safran, dans l'huile d'olive en mélangeant soigneusement pendant 5 min. Ajoutez le gingembre frais râpé et 2 verres d'eau. Laissez mijoter à couvert à feu moyen pendant 1 h. Surveillez la cuisson et rajoutez de l'eau si nécessaire.

Pendant la cuisson de la viande, faites fondre le beurre dans une poêle puis placez-y les quartiers de pomme. Lorsqu'ils sont bien dorés, ajoutez l'ananas. Faites cuire 3 min puis mettez de côté.

À la fin de la cuisson, le veau doit être tendre et la sauce sirupeuse. Si la sauce n'a pas la consistance souhaitée, faites-la réduire sans couvrir.

Ajoutez délicatement les navets, arrosez-les de sauce, ajoutez les fruits frais et arrosez-les de l'eau safranée. Faites mijoter 5 min.

Parsemez de coriandre hachée avant de servir.

Tajine de canard cerises-pistaches

4 cuisses de canard confit

200 g de cerises à chair ferme bien mûres

50 g de pistaches mondées

5 échalotes

1 bouquet de coriandre fraîche

1 c. à s. de miel

sel, poivre

Les épices :

1 c. à c. de paprika

1 c. à c. de gingembre

Dans une poêle antiadhésive chaude, dégraissez les cuisses de canard. Épluchez et hachez finement les échalotes. Hachez finement la coriandre. Dénoyautez les cerises.

Dans un plat à tajine, étalez une couche d'échalotes et saupoudrez d'épices. Déposez les morceaux de canard et faites-les revenir 10 min, avec 1 c. à s. d'eau.

Étalez à nouveau une couche d'échalotes. Ajoutez 1 verre d'eau et faites cuire à couvert à feu très doux pendant 30 min environ. Surveillez attentivement la cuisson et n'hésitez pas à ajouter un peu d'eau si les échalotes attachent.

Ajoutez les cerises, le miel et les pistaches émiettées. Laissez compoter. Couvrez et laissez mijoter 20 min de plus.

Ajoutez la coriandre ciselée au moment de servir.

Conseils | Les cerises peuvent être cuites à part à feu doux avec 1 c. à s. de miel et ajoutées en fin de cuisson. | On peut rajouter en fin de cuisson quelques cerises au vinaigre.

Tajine de cailles aux figues

4 cailles bien rondes
8 figues fraîches ou surgelées
4 morceaux de sucre roux
3 oignons
2 c. à s. d'huile d'olive
1 branche de thym frais
1 c. à c. d'eau de rose
20 cl de vin rouge
2 poires
sel, poivre

Les épices :
1 pincée de cannelle pour les cailles
cannelle pour les figues

Salez et poivrez les cailles puis massez-les avec de l'huile d'olive et 1 pincée de cannelle. Poêlez-les 15 min pour qu'elles soient bien dorées.

Incisez les figues et déposez la moitié d'un morceau de sucre roux dans l'ouverture.

Épluchez et hachez les oignons. Faites-les revenir à feu doux dans le tajine.

Ajoutez les figues et parsemez de thym frais, de sel, de poivre, de cannelle et d'eau de rose. Arrosez du vin rouge et laissez s'évaporer environ 5 min. Faites cuire à feu doux, à couvert, pendant 10 min.

Posez les cailles délicatement sur le lit de figues. Épluchez et coupez les poires en quartiers, puis en tranches fines. Déposez-les en cercle sur les figues autour des cailles. Couvrez et réchauffez 5 min.

Nappez avec le jus de cuisson au moment de servir.

Conseil | Vous pouvez aussi égrener une grenade et en parsemer le tajine au moment de servir.

Tajine de pintade aux mirabelles

4 suprêmes de pintade
250 g de mirabelles
2 oignons
1 c. à s. d'huile d'olive
50 g d'amandes effilées
sel, poivre blanc

Les épices :
1 c. à c. de cannelle
1 c. à c. de gingembre
1 dose de safran
20 filaments de safran

Mélangez les épices sur une assiette. Roulez les suprêmes dans le mélange puis laissez reposer 10 min.

Épluchez et émincez les oignons. Dans un plat à tajine, faites-les revenir dans l'huile d'olive à feu doux. Remuez. Lorsque les oignons sont translucides, déposez les suprêmes. Salez et poivrez. Faites revenir la pintade pendant 10 min en retournant les morceaux. Ajoutez 1 verre d'eau. Couvrez et laissez mijoter 15 min environ. Vérifiez la cuisson.

Dans un bol, versez 2 c. à s. d'eau chaude sur les filaments de safran. Dénoyautez les mirabelles et ajoutez-les au tajine. Versez l'eau safranée. Couvrez et laissez cuire à feu doux pendant 10 min.

Parsemez d'amandes effilées avant de servir.

Tajine de lapin aux tomates

4 cuisses de lapin
1 kg de tomates
2 c. à s. de miel liquide
4 c. à s. d'huile d'olive
3 échalotes hachées
3 carottes
1 gousse d'ail hachée
1 branche de céleri
1 branche de thym frais
5 feuilles de sauge fraîche
1 branche de basilic frais
20 pignons de pin
1 c. à s.de graines de sésame
sel, poivre blanc

Les épices :
1 c. à c. de cannelle
piment de Cayenne
½ c. à c. de paprika
1 dose de safran

Plongez les tomates dans l'eau bouillante pendant 30 s. Retirez-les avec une écumoire et égouttez-les. Lorsqu'elles sont froides, pelez-les et épépinez-les. Concassez la chair des tomates et placez-la dans une cocotte avec 1 c. d'huile d'olive. Remuez à feu vif pour que l'eau s'évapore. Surveillez la cuisson. Ajoutez la cannelle et le miel sans cesser de remuer jusqu'à obtention d'une compote sèche. Réservez.

Coupez les carottes épluchées en petits dés et la branche de céleri épluchée en morceaux de 1 cm de long.

Dans un plat à tajine, faites revenir les échalotes dans l'huile d'olive à feu doux. Remuez lorsqu'elles sont translucides puis ajoutez 1 pincée de piment de Cayenne, le paprika, le safran et l'ail.

Ajoutez les morceaux de lapin et roulez-les dans le mélange. Ajoutez les légumes, le thym frais et la sauge. Salez, poivrez et ajoutez 1 verre d'eau. Couvrez et laissez mijoter 45 min. Surveillez bien la cuisson. Lorsque le lapin est cuit et que la sauce a réduit, ajoutez la compote de tomates. Mélangez soigneusement.

Faites griller les pignons et les graines de sésame. Parsemez-en la surface du tajine avec le basilic émincé.

Tajine de supions

1 kg de petites seiches fraîches ou surgelées

20 cl de lait

50 cl d'eau

2 gousses d'ail

3 oignons

1 bouquet de persil plat

1 c. à s. d'huile d'olive

1 citron pressé

sel, poivre du moulin

Les épices :

4 filaments de safran

1 pincée de cumin

1 pointe de piment de Cayenne

Faites tremper les seiches pendant 1 h dans l'eau et le lait pour les attendrir. Rincez-les abondamment puis séchez-les dans du papier absorbant.

Épluchez puis émincez l'ail et les oignons. Effeuillez le persil plat.

Faites revenir les oignons et les épices dans l'huile d'olive à feu vif. Remuez soigneusement. Ajoutez les supions. Roulez-les dans les épices, salez et poivrez. Couvrez et laissez mijoter 20 min à feu doux pour qu'ils rendent leur eau.

Ôtez le couvercle et faites réduire l'eau jusqu'à ce que les supions caramélisent. Ajoutez l'ail et la moitié du persil plat. Arrosez de jus de citron. Poursuivez la cuisson 2 min en remuant bien.

Saupoudrez du reste de persil haché. Servez chaud ou froid.

Tajine de perche au fenouil

4 filets de perche du Nil
2 bulbes de fenouil
2 carottes
2 courgettes
4 grosses olives violacées et noires
1 citron, coupé en fines lamelles
2 citrons pressés
3 oignons hachés
2 gousses d'ail hachées
4 c. à s. d'huile d'olive
1 bouquet de persil
1 bouquet de coriandre
sel, poivre du moulin

Les épices :
2 c. à c. de paprika
1 c. à c. de cumin moulu
1 c. à c. de gingembre

Hachez le persil et la coriandre. Dans un bol, mélangez la moitié du paprika, 2 c. à s. d'herbes hachées, l'ail, le cumin, 1 citron pressé, 2 c. à s. d'huile d'olive. Salez et mélangez. Badigeonnez les poissons avec la chermoula. Laissez reposer 1 h au minimum.

Épluchez et coupez les carottes en lanières très fines. Coupez les courgettes en lanières sans les éplucher. Nettoyez les fenouils, enlevez les cœurs et les parties dures. Taillez-les en lanières très fines.

Dans le tajine, faites revenir à feu doux le paprika, le gingembre, le cumin, l'ail avec 1 c. à s. d'huile d'olive, puis ajoutez les oignons. Remuez. Ajoutez les lanières de légumes. Retournez-les dans les épices. Posez les filets de perches dessus. Ajoutez les olives. Arrosez de 1 verre d'eau, 1 c. à s. d'huile d'olive et du jus de citron. Parsemez de persil et de coriandre hachés. Préchauffez le four à 210°C (th. 7).

Couvrez et enfournez pendant 40 min environ en arrosant fréquemment avec le jus de cuisson.

Servez le poisson enfoui sous le reste de hachis des feuilles de céleri, de persil et de coriandre puis décorez avec 4 rondelles de citron.

Tajine de lotte aux épices rouges

800 g de filet de lotte nettoyée

5 tomates

2 petites aubergines

3 poivrons verts

1 oignon

1 c. à s. d'huile d'olive

1 gousse d'ail

1 c. à c. de concentré de tomate

½ c. à c. de harissa

1 bouquet de coriandre

1 bouquet de persil haché

sel, poivre blanc

Les épices :

1 c. à c. de ras el hanout

1 c. à c. de cumin

1 c. à c. de paprika doux

1 pincée de piment de Cayenne

Plongez les tomates dans l'eau bouillante pendant 30 s. Égouttez-les, pelez-les, enlevez les grains et coupez-les en morceaux. Coupez les aubergines en rondelles de 2 cm. Épépinez les poivrons et coupez-les en lanières. Épluchez et hachez finement l'oignon.

Faites revenir l'oignon dans le plat à tajine avec l'huile d'olive. Ajoutez la gousse d'ail épluchée et écrasée puis les épices. Mélangez bien et laissez à feu moyen. Ajoutez le tiers des tomates. Baissez le feu. Ajoutez les poivrons coupés en lanières, les aubergines et 1 verre d'eau. Couvrez et laissez mijoter 20 min environ.

Pendant ce temps, faites revenir dans une poêle le reste des tomates, le concentré de tomate et 1 pointe de harissa. Remuez puis laissez compoter 5 min à feu vif. Versez cette sauce sur les légumes dans le plat à tajine.

Coupez le filet de lotte en 8 tronçons. Déposez-les sur le tajine, salez, poivrez et arrosez avec la sauce devenue onctueuse et très rouge. Faites cuire à couvert pendant 20 min.

Hachez finement la coriandre et le persil et cachez le poisson sous une poignée d'herbes fraîches.

Tajine de confit de légumes

4 carottes
600 g de potiron
4 navets
3 oignons blancs
½ céleri-rave
4 tomates
3 c. à s. d'huile d'olive
1 gousse d'ail
4 grosses échalotes
1 bouquet de coriandre
1 bouquet de persil plat
1 feuille de laurier
sel, poivre

Les épices :
1 c. à c. de gingembre
2 doses de safran
1 c. à c. de curcuma

Épluchez les carottes, le potiron, les oignons blancs, le céleri-rave et les navets puis coupez-les grossièrement en morceaux. Coupez les tomates en grosses tranches et épépinez-les. Égouttez-les dans une passoire au-dessus d'un récipient et récupérez le jus. Hachez finement l'ail et les échalotes, les feuilles de coriandre et de persil. Mélangez ce hachis avec le quart des échalotes hachées et le jus des tomates.

Dans un plat à tajine, faites revenir dans l'huile d'olive l'ail et le reste des échalotes hachées. Ajoutez les épices. Mélangez. Ajoutez, dans l'ordre, une couche de hachis d'herbes, une couche de légumes, 5 rondelles de tomate, le sel et le poivre. Puis à nouveau, une couche de hachis d'herbes, une couche de légumes puis une couche de tomate. Terminez par une couche de hachis d'herbes. Versez 1 verre d'eau puis faites cuire à feu moyen pendant 1 h. Surveillez la cuisson et n'hésitez pas à ajouter de l'eau si nécessaire. Les légumes doivent être bien fondants.

Servez très chaud avec le reste du hachis d'herbes fraîches.

Tajine de pois chiches

500 g de pois chiches en conserve

600 g de céleri-rave

2 oignons

150 g de patates douces

2 mangues

3 branches de coriandre fraîche

2 c. à s. d'huile d'olive

30 g de gingembre frais

1 c. à s.de poudre d'amandes

sel, poivre blanc

Les épices :

1 c. à c. de paprika doux

1 c. à c. de gingembre en poudre

Épluchez et hachez finement les oignons et le gingembre frais. Coupez le céleri-rave et les patates douces épluchés en gros dés. Épluchez et coupez la mangue en lamelles assez épaisses. Effeuillez la coriandre.

Dans un tajine, faites revenir dans l'huile d'olive les oignons et les épices à feu doux. Ajoutez le céleri-rave, les patates douces et les pois chiches. Mélangez soigneusement avec les épices. Salez et poivrez. Ajoutez le gingembre haché et 3 verres d'eau. Faites mijoter à feu moyen à couvert pendant 20 min.

Ajoutez la poudre d'amandes et remuez délicatement. Ajoutez les mangues et mélangez-les en prenant garde à ne pas les écraser. Faites mijoter 10 min à feu doux en remuant.

Ajoutez les feuilles de coriandre fraîche.

Tajine froid de légumes verts

100 g de choux de Bruxelles
200 g de petits pois
300 g de haricots verts
100 g de pois gourmands
200 g d'asperges vertes
50 g de roquette
4 tomates
1 gousse d'ail
3 échalotes
3 oignons blancs frais
4 c. à s. d'huile d'olive
4 fonds d'artichauts
½ céleri-rave
1 feuille de laurier
1 branche de thym
1 bouquet de coriandre
1 bouquet de persil plat
sel, poivre

Les épices :
1 c. à c. de cumin
½ c. à c. de gingembre
1 c. à c. de paprika

Épluchez ou écossez les légumes. Coupez les tomates en grosses tranches, ôtez leurs graines puis égouttez-les au-dessus d'un récipient pour en récupérer le jus. Épluchez puis hachez finement l'ail et les échalotes. Hachez les feuilles de coriandre et de persil. Mélangez soigneusement ce hachis au quart des échalotes hachées et au jus des tomates.

Dans un plat à tajine, faites revenir l'ail et une poignée d'échalotes. Ajoutez les épices. Mélangez. Ajoutez une couche de hachis d'herbes, une couche de légumes verts, les fonds d'artichauts, le céleri-rave, la feuille de laurier et le thym. Salez et poivrez. Versez ½ verre d'eau puis laissez mijoter 10 min.

À nouveau, ajoutez, dans l'ordre, une couche de hachis d'herbe, les légumes verts restants, une couche de tomate et le reste du hachis d'herbes. Versez 2 verres d'eau puis faites cuire à feu moyen pendant 30 min. Surveillez la cuisson et n'hésitez pas à rajouter de l'eau si nécessaire. Les légumes doivent rester croquants. Servez froid.

Conseils | Toutes les herbes sont bienvenues dans ce tajine. | Salez et poivrez à chaque couche et vérifiez l'assaisonnement à la fin.

Tajine de fruits flambés

1 c. à c. de thé Earl Grey
4 figues sèches
16 raisins secs
8 abricots secs
8 poires séchées
4 pruneaux
5 grosses oranges
2 pommes
1 poire comice
2 c. à s. de miel liquide
2 c. à c. de cannelle
1 c. à c. de poudre d'amandes
10 amandes mondées
8 noisettes
2 c. à s.d'eau de fleur d'oranger
4 figues fraîches
1 c. à s. de sucre roux
20 cl d'alcool de figue
amandes effilées

La veille, faites macérer les fruits secs dans le thé refroidi. Le lendemain, lavez et coupez 2 oranges en tranches de 1 cm. Épluchez, évidez et coupez les pommes en rondelles épaisses, la poire en quartiers.

Pressez les 3 oranges restantes. Ajoutez-y le miel et la cannelle. Tapissez le fond du tajine de rondelles d'oranges. Puis dans l'ordre : une couche de fruits secs mélangés, du jus d'orange au miel, 1 pincée de poudre d'amandes ; les pommes, du jus d'orange, les amandes mondées et les noisettes ; une autre couche de fruits secs, les quartiers de la poire, du jus d'orange ; des fruits secs, du jus d'orange, la poudre d'amande, l'eau de fleur d'oranger. Préchauffez le four à 220 °C (th. 7).

L'assemblage des fruits doit adopter la forme d'un tajine de plus en plus étroit. Couvrez et enfournez le tajine pendant 30 min. Surveillez la cuisson : si les fruits s'assèchent, versez le reste du jus d'orange. Ajoutez les 4 figues fraîches au sommet du tajine et saupoudrez-les de sucre roux. Faites cuire 5 min.

Au moment de servir, faites réchauffer l'alcool de figue dans une casserole. Parsemez le tajine d'amandes effilées. Versez l'alcool chaud sur les fruits et flambez la pyramide.

Pastilla poulet-amandes

4 cuisses de poulet

2 oignons

2 c. à s. de coriandre hachée

4 œufs

50 g d'amandes mondées

10 raisins secs

1 c. à c. d'huile d'olive

sel, poivre du moulin

3 x 4 feuilles de pâte filo

10 g de beurre

2 blancs d'œufs

sucre glace

Les épices :

1 c. à c. de gingembre en poudre

1 dose de safran

1 c. à c. de muscade

½ c. à c. de paprika

cannelle en poudre

Épluchez et émincez les oignons. Dans une cocotte, faites-les revenir dans l'huile d'olive. Ajoutez les épices, sauf la cannelle, le sel et le poivre. Faites revenir les morceaux de poulet. Ajoutez la moitié de la coriandre et 1 verre d'eau. Couvrez et laissez mijoter à feu doux. Battez les œufs dans un bol. Ajoutez le reste de coriandre fraîche et mettez de côté.

Lorsque la chair du poulet semble se détacher des os, retirez-le de la cocotte, faites-le refroidir puis désossez-le.

Faites réduire la sauce qui reste au fond de la cocotte puis versez les œufs. Faites-les cuire très doucement en remuant sans arrêt. Ils doivent prendre la consistance d'œufs brouillés. Ôtez du feu et mettez de côté. Préchauffez le four à 180 °C (th. 6).

Pliez les pastillas (voir p. 5). Garnissez chaque pastilla de farce au poulet, ajoutez quelques amandes et quelques raisins. Couvrez de farce à l'œuf brouillé. Terminez par un peu d'amandes et raisins. Refermez les paquets (voir p. 5). Placez les pastillas sur une plaque huilée et faites-les cuire 10 min de chaque côté. Saupoudrez de sucre glace et de cannelle.

Pastilla aubergines-agneau confit

1 tranche de gigot d'agneau de 200 g
1 oignon haché
1 gousse d'ail écrasée
30 g de gingembre frais haché
1 aubergine moyenne
1 carotte
2 c. à s. d'huile d'olive
3 branches de coriandre
3 branches de persil plat
sel, poivre
3 x 4 feuilles de pâte filo
10 g de beurre
1 pincée de muscade
2 blancs, 1 jaune d'œufs

Les épices :
½ c. à c. de coriandre
1 c. de paprika
piment de Cayenne
1 c. à c. de gingembre
½ c. à c. de cumin

Dans un bol, mélangez 1 c. à s. de coriandre fraîche hachée, 1 c. à s. de persil haché, la moitié de la coriandre moulue, la moitié du paprika, 1 pincée de piment, la moitié du gingembre, le cumin, du sel, du poivre et 1 c. à s. d'huile d'olive. Remuez. Faites macérer l'agneau dans ce mélange pendant 30 min.

Faites cuire le gigot mariné pendant 15 min au four à 180 °C (th. 6). Laissez-le refroidir puis coupez-le en petits dés.

Coupez l'aubergine et la carotte épluchée en petits dés. Dans une cocotte, faites revenir dans l'huile l'oignon, l'ail et les carottes. Ajoutez les épices et le gingembre haché puis remuez. Ajoutez l'aubergine. Mélangez. Ajoutez la moitié du persil et de la coriandre hachée. Versez 1 verre d'eau. Salez et poivrez. Mélangez, couvrez et faites cuire 20 min. Les aubergines doivent être tendres. Faites réduire la sauce. Préchauffez le four à 180 °C (th. 6).

Pliez les pastillas (voir p. 5). Répartissez les légumes dans les 4 pastillas, ajoutez un peu de coriandre hachée puis couvrez avec l'agneau et une épaisse couche de coriandre. Refermez (voir p. 5). Placez-les sur une plaque huilée et faites-les cuire 10 min de chaque côté.

Pastilla haddock-citron

200 g de filet de haddock
3 pommes golden
1 citron jaune
30 g de beurre
3 figues moelleuses
30 cl de lait
1 feuille de laurier
2 oignons émincés
6 grains de poivre
2 c. à s. de coriandre hachée
3 x 4 feuilles de pâte filo
2 blancs d'œufs
1 jaune d'œuf

Les épices :
1 pincée de filaments de safran

Épluchez les pommes puis coupez-les en quartiers. Pelez le citron à vif et découpez la chair en morceaux. Faites revenir les pommes dans 20 g de beurre sans les colorer. Ajoutez le safran et la pulpe de citron puis faites cuire à feu doux jusqu'à ce que l'eau s'évapore. Écrasez à la fourchette. Équeutez les figues, coupez-les en petits dés, ajoutez-les aux pommes et remuez.

Mélangez le lait et 2 verres d'eau puis versez le tout dans une poêle peu profonde. Ajoutez le laurier, les oignons et les grains de poivre. Plongez le poisson dans le liquide chaud et laissez pocher 3 à 4 min. Égouttez immédiatement. Lorsqu'il est tiède, éliminez la peau et les arêtes puis émiettez-le.

Préchauffez le four à 180 °C (th. 6).

Pliez les pastillas (voir p. 5). Remplissez chacune des pastillas en commençant par une couche de coriandre hachée puis ajoutez, dans l'ordre, le haddock émietté, une couche de pommes aux figues, une nouvelle couche de coriandre, une nouvelle couche de haddock puis terminez par une couche de pommes. Refermez les paquets (voir p. 5). Placez-les sur une plaque huilée et faites-les cuire 10 min de chaque côté.

Pastilla mangue-crevettes

8 grosses crevettes crues
2 mangues pas trop mûres
20 g de gingembre frais
1 orange pressée
1 c. à s. de miel
1 c. à s. d'huile d'olive
1 c. à s. de sel
1 citron vert pressé
3 x 4 feuilles de pâte filo
2 c. à s. de coriandre hachée
1 blanc d'œuf
sucre glace
10 g de beurre

Les épices :
1 dose de safran

Épluchez et découpez les mangues en lanières.

Épluchez et râpez le gingembre. Faites confire à feu doux la mangue dans le jus d'orange, le gingembre et le miel pendant 20 min en remuant.

Décortiquez les crevettes puis faites-les mariner avec le sel, le jus de citron vert et le safran pendant 30 min. Dans une poêle à feu vif, faites revenir les crevettes avec l'huile d'olive.

Préchauffez le four à 180 °C (th. 6).

Pliez les pastillas (voir p. 5). Parsemez chacune d'elles de coriandre, déposez 1 couche épaisse de mangue, 2 crevettes et le reste de la coriandre. Refermez les paquets (voir p. 5).

Placez les pastillas sur une plaque huilée et faites cuire 10 min de chaque côté. Saupoudrez de sucre glace.

Pastilla poivrons-tomates-miel

3 tomates bien mûres
1 c. à s. d'huile d'olive
2 c. à s. de miel
30 graines de sésame
5 dattes moelleuses
5 figues moelleuses
5 amandes mondées
15 g de gingembre confit
2 poivrons rouges pelés et épépinés
3 c. à s. de coriandre hachée
30 raisins secs blonds
3 x 4 feuilles de pâte filo
10 g de beurre
1 blanc d'œuf
sucre glace
sel, poivre

Les épices :
1 c. à c. de paprika
1 c. à c. de cannelle

Plongez les tomates dans l'eau bouillante pendant 30 s pour les éplucher et les épépiner facilement. Coupez-les en petits morceaux. Placez la chair de tomate dans une casserole à feu vif. Remuez jusqu'à ce que l'eau s'évapore. Ajoutez 1 c. d'huile d'olive, la moitié de la cannelle, 1 pincée de poivre et le miel. Remuez 20 min en surveillant.

Faites dorer à la poêle les graines de sésame. Hachez les dattes dénoyautées, les figues, les amandes, les raisins secs et le gingembre puis mélangez-les dans un bol. Préchauffez le four à 180 °C (th. 6).

Pliez les pastillas (voir p. 5). Garnissez des lanières de poivron. Salez, poivrez et ajoutez une pincée de paprika. Puis dans l'ordre : de la coriandre, une couche épaisse de marmelade de tomate, une pincée de paprika, des graines de sésame, du poivre. Recommencez avec de la coriandre, une couche de fruits secs, de la coriandre, de la marmelade de tomate, quelques graines de sésame grillées, à nouveau de la coriandre, puis des lanières de poivron rouge. Refermez les paquets (voir p. 5). Placez-les sur une plaque huilée. Faites cuire 20 min de chaque côté. Saupoudrez de sucre glace.

OVENEX

Pastilla quinoa-fruits

100 g de quinoa
1 pomme
1 poire
4 dattes
1 figue moelleuse
10 g de gingembre confit
6 amandes mondées
8 noisettes entières
1 orange pressée
1 citron vert pressé
1 c. à c. d'eau de fleur d'oranger
1 c. à s. de sucre roux
sel
3 x 4 feuilles de pâte filo
2 blancs d'œufs
sucre glace
10 g de beurre

Les épices :
filaments de safran
pincées de cannelle
½ c. à c.de cumin

Faites cuire le quinoa dans 3 fois son volume d'eau froide salée. Placez 1 pincée de filaments de safran dans un bol avec une c. à s. d'eau chaude. Faites refroidir le quinoa et mélangez-le avec l'eau safranée.

Épluchez la pomme et la poire, dénoyautez les dattes, équeutez la figue puis coupez-les en petits dés. Coupez le gingembre en petits morceaux. Dans un bol, mélangez les pommes, les poires, les dattes, les amandes, la figue, les noisettes et le gingembre. Versez le jus d'orange, le jus de citron vert et l'eau de fleur d'oranger. Saupoudrez de sucre roux, d'une pincée de cannelle et de cumin. Ajoutez le quinoa. Remuez bien puis rectifiez l'assaisonnement.

Préchauffez le four à 180 °C (th. 6).

Pliez les pastillas (voir p. 5). Couvrez de farce chacune des 4 pastillas. Refermez les paquets (voir p. 5). Placez-les sur une plaque huilée et faites cuire 10 min de chaque côté. Saupoudrez de sucre glace et de cannelle.

Pastilla potiron-pistaches

300 g de potiron
35 g de beurre
100 g de sucre roux
1 c. à s. d'eau de fleur d'oranger
4 amandes mondées
10 pistaches
1 blanc d'œuf
sucre glace
3 x 2 feuilles de pâte filo

Les épices :
1 bâton de cannelle
1 pincée de cannelle en poudre

Épluchez et épépinez le potiron puis coupez-le en cubes. Vous pouvez aussi le râper. Faites fondre 25 g de beurre. Lorsqu'il crépite, versez-y les cubes de potiron. Ajoutez le sucre et le bâton de cannelle. Continuez la cuisson à découvert pendant 1 h environ en remuant de temps en temps, jusqu'à obtenir une compote très sèche. Retirez le bâton de cannelle. Ajoutez les amandes, et l'eau de fleur d'oranger. Mélangez et laissez refroidir.

Concassez finement les pistaches.

Préchauffez le four à 180 °C (th. 6).

Pliez les pastillas (voir p. 5). Couvrez d'une couche de pistaches, de farce au potiron, puis d'une autre couche de pistaches chacune des 4 pastillas. Refermez les paquets (voir p. 5).

Placez-les sur une plaque huilée et faites-les cuire 10 min de chaque côté. Saupoudrez de sucre glace et de cannelle.

Pastilla dattes-noisettes-amandes

8 dattes moelleuses
40 g d'amandes
20 g de noisettes
1 pomme golden
1 c. à c. d'eau de fleur d'oranger
2 c. à s. de sucre roux
20 g de beurre
6 feuilles de pâte filo
2 blancs d'œufs
20 g de sucre glace
2 c. à c. de cannelle

Dénoyautez les dattes et faites-les cuire à la vapeur pendant 30 min. Ajoutez l'eau de fleur d'oranger en cours de cuisson. Écrasez-les ensuite à la fourchette.

Dans une poêle antiadhésive, faites griller les amandes puis mélangez-les avec les noisettes et 1 c. à s. de sucre. Mixez grossièrement le mélange. Ajoutez les dattes cuites, la moitié de beurre fondu et la cannelle. Mélangez la farce.

Évidez la pomme puis coupez-la en tranches fines sans l'éplucher. Roulez les tranches dans un mélange de sucre roux et de cannelle.

Préchauffez le four à 180 °C (th. 6).

Pliez les pastillas (voir p. 5). Couvrez d'une couche de farce, d'une tranche de pomme, d'une couche de farce plus épaisse, d'une tranche de pomme puis finissez par une couche de farce. Refermez les paquets (voir p. 5).

Placez les pastillas sur une plaque huilée et faites-les cuire 10 min de chaque côté. Saupoudrez de sucre glace et de cannelle.

ISBN : 978-2-501-06775-1
40-6210-5
Achevé d'imprimer en janvier 2011
sur les presses d'Impresia-Cayfosa